As línguas expressam conhecimentos, pensamentos e sentimentos.

O nome deste livro é Oikoá, que significa **vida** na língua do povo Guarani Mbya. Este nome foi escolhido porque os povos indígenas têm sido os guardiões da vida no planeta Terra: é em seus territórios que existem mais tipos de árvores e plantas, animais, peixes, pássaros, insetos, e onde os rios e as matas estão mais bem preservados.

ÔZé

# Ikoá

Felipe Valério
Luise Weiss

Maria Cristina Troncarelli
Tupã Mirim Werá
Bepo Mẽtyktire
Paimu Muapep Trumai Txucarramãe

São Paulo, 2023

# toda flor
# é silêncio
# de manhã

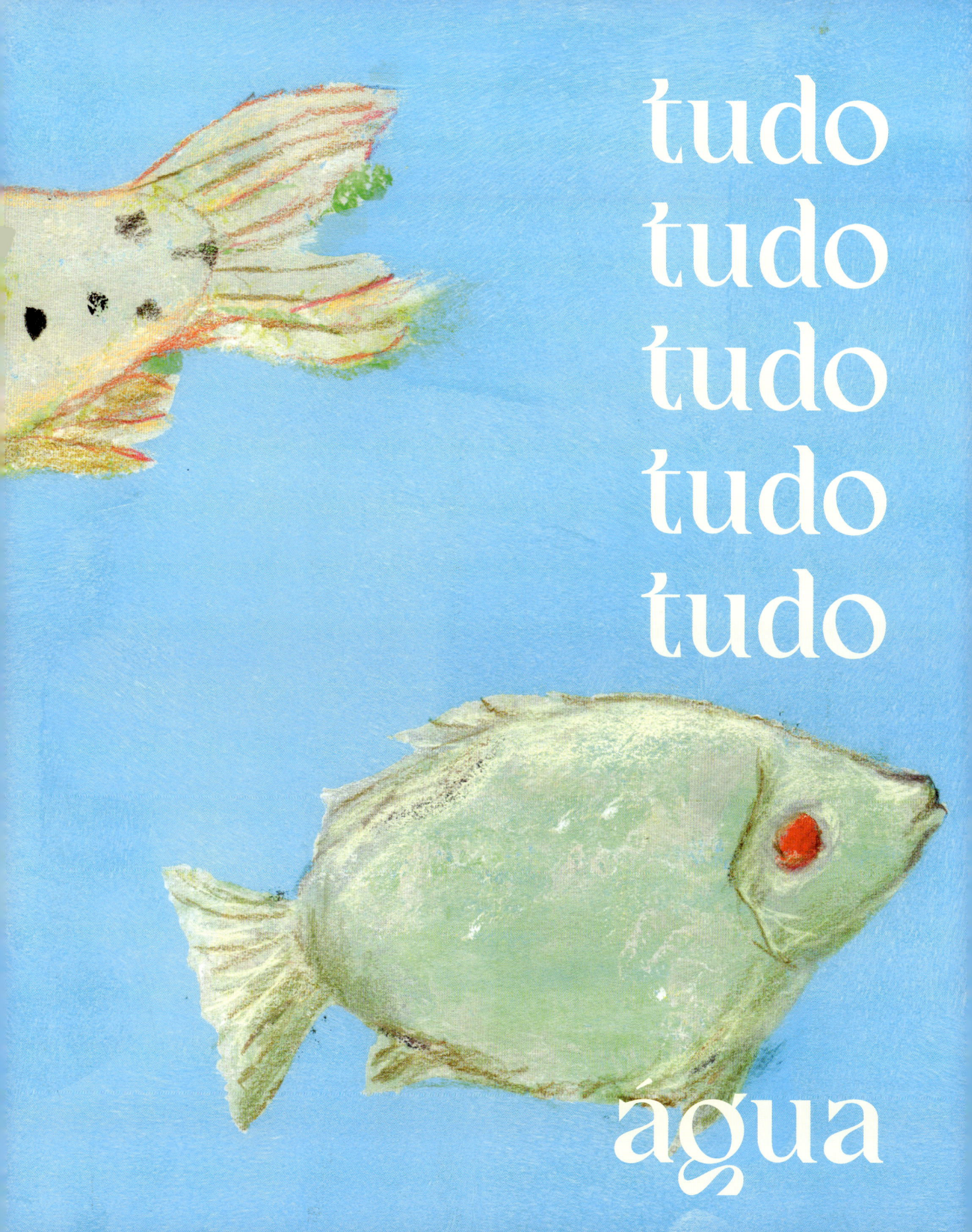

pĩ
faz
sombra
por aqui

cava
cava
cava
cava
cava
cava

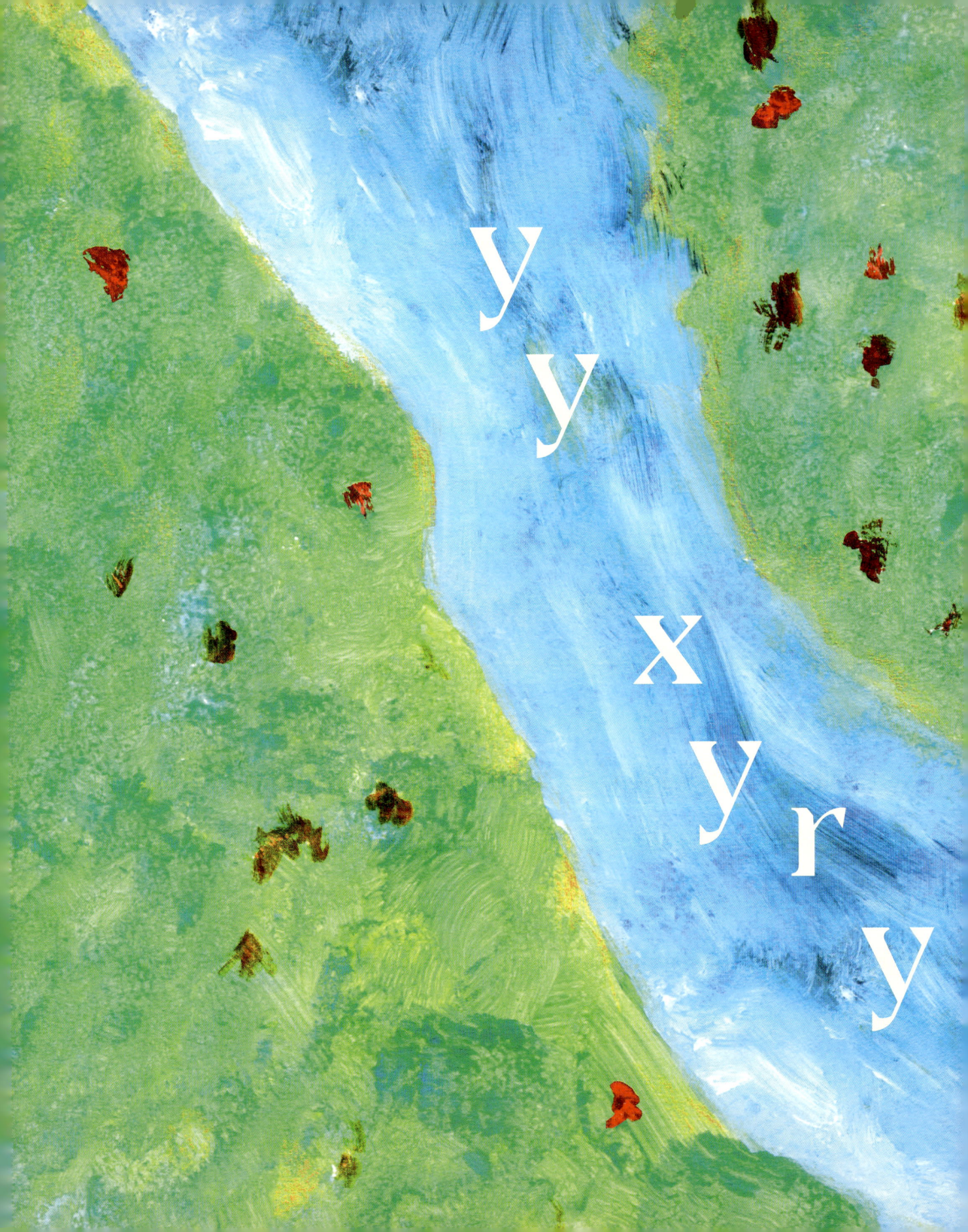

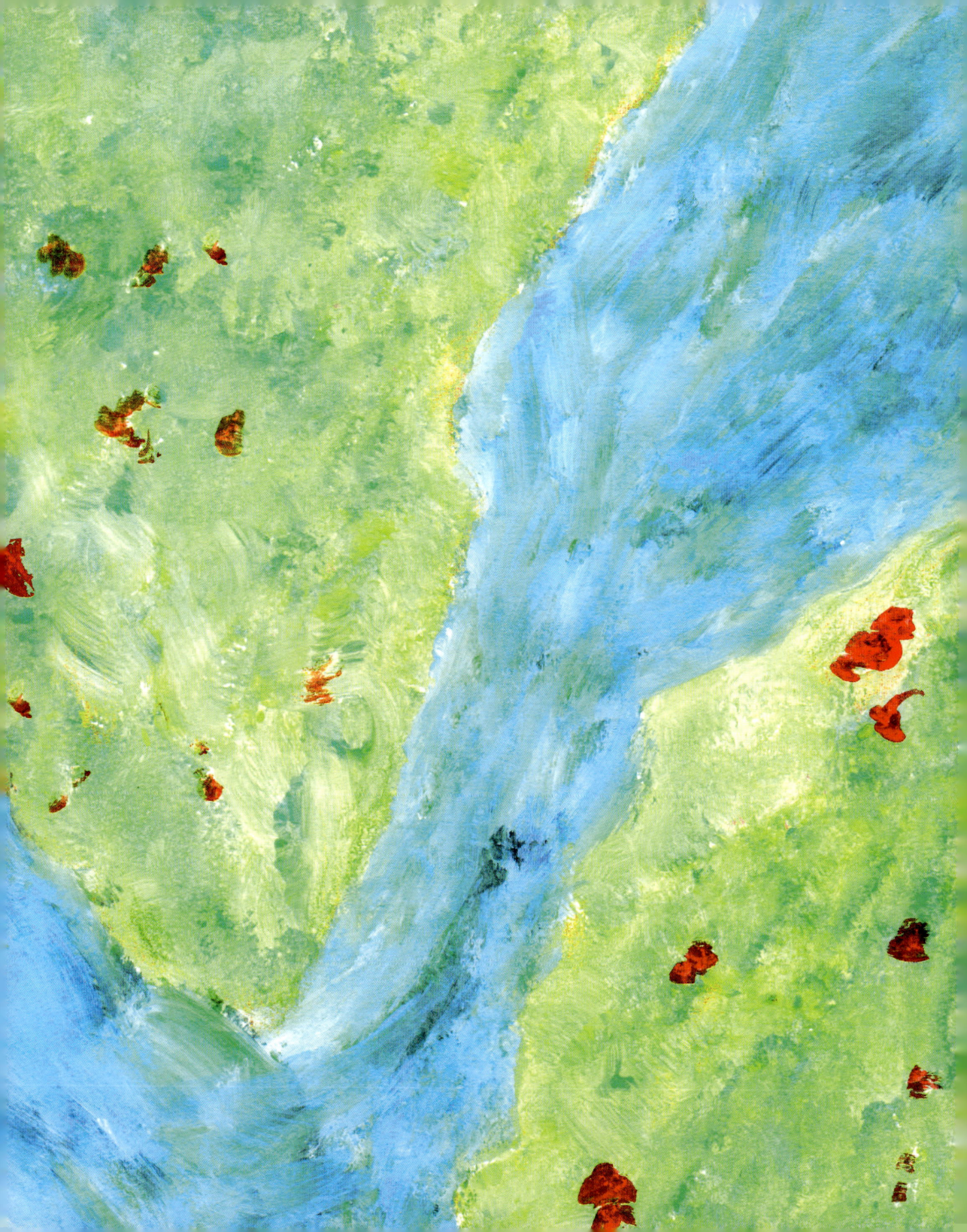

djaxy

we
we

voa
voa

ngrã
ngrã

mbore

pàt

tinguyre

é bicho
é mata

é até

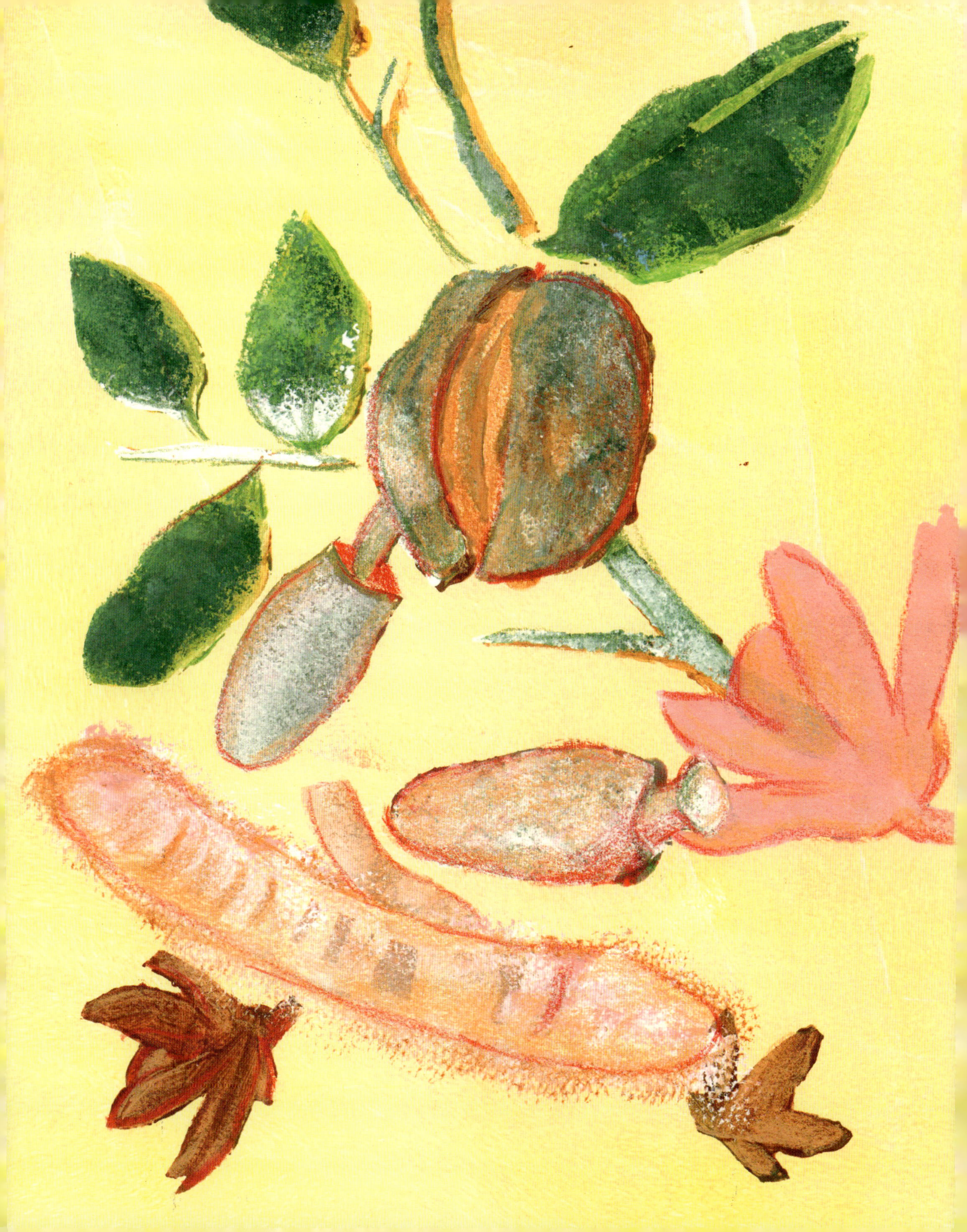

# oikoá

nasce
já

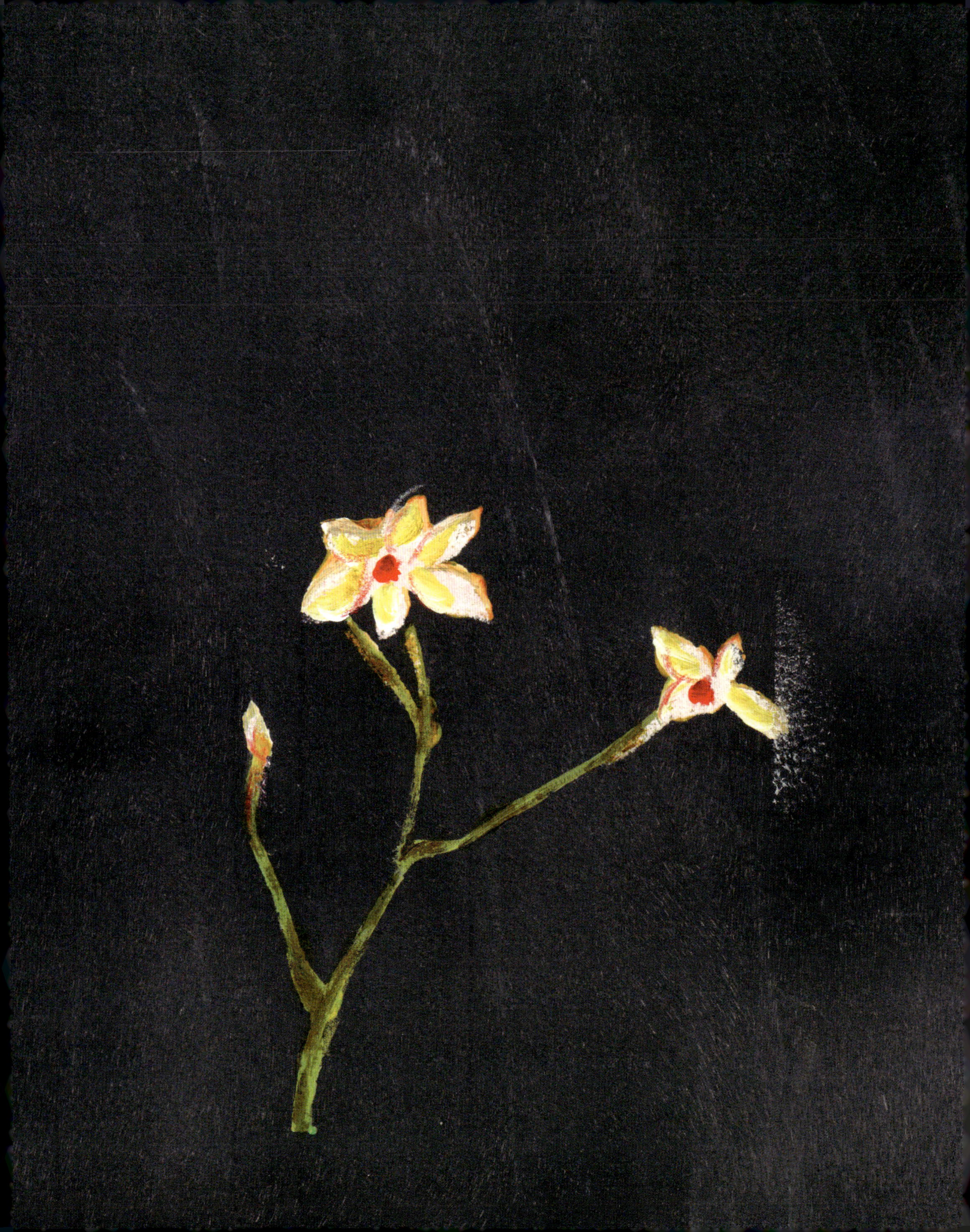

# oikoá

## sempre está

# Palavras e traduções

| Língua Portuguesa | Língua Guarani Mbya | Língua Mẽbêngôkre |
|---|---|---|
| anta | mbore | kukryt |
| arara | parakau | màt |
| árvore | yvyra | pĩ |
| bicho-preguiça | aigue | kubyt |
| borboleta-azul | popó'i hovy | wewe ngrãngrã |
| capivara | kapi'i'ua | kunũm |
| céu | ára | kàjkwa |
| chuva | oky | na |
| cobra | mboi | kanga |
| cobra-coral | mboi para | roikuto |
| desmatamento | ka'aguy oitypa | bà obikẽj |
| estrela | djaxy tata | kanhêtire |
| flor | yvoty | pidjôrã |
| floresta | ka'aguy | bà |
| fluxo da água | yy xyry | ngô prõn |
| fogo | tatá | kuwy |
| folha de árvore | yvyra rogue | pĩ'ô |
| força (resistência) | mbaraete | tỳj |
| formiga | tayi | mrũre |
| formiga saúva | akenke | mrũkrãti |

| Língua Portuguesa | Língua Guarani Mbya | Língua Mẽbêngôkre |
| --- | --- | --- |
| gafanhoto | kyju | krytkanhê |
| igarapé | yguarape | ngô màt |
| jabuti | karumbe | kaprãn |
| jacu | djaku | krãjakati |
| lua | djaxy | mytỳrwỳ |
| luz da lua | jatxy hendy | mytỳrwỳ nhi rã |
| montanha | yvy'ã | krãj |
| morte | omãno | tyk |
| noite | pytún | akamàt |
| onça-preta | txivi hum | roptykre |
| paca | jaitxa | ngra |
| pacu | piratin | djurorotire |
| papagaio | parakau | krwỳjre |
| peixe | pirá | tep |
| pintado (peixe) | pira para'i | korãn |
| queimada | ókay | bà xêrê |
| rio | yakã | ngô |
| sapo | ju'i | brire/ bri |
| semente | yvyra ra'yin | y |
| tamanduá | kaguare | pàt |
| tatu | tinguyre | tôt |
| urubu | xampire | nhôj |
| urucum | urukum | py |
| vida | oikoá | tin |

# O Brasil multicultural e multilíngue

Maria Cristina Troncarelli, Tupã Mirim Werá, Bepo Mẽtyktire e Paimu Muapep Trumai Txucarramãe

A palavra *multicultura*, aplicada ao Brasil, quer dizer que neste país existem vários povos com culturas diferentes, como por exemplo, 305 povos indígenas,[1] e a palavra *multilíngue*, nesse contexto, quer dizer que em nosso país existem e são faladas 274 línguas indígenas,[2] diferentes da língua portuguesa, além de línguas de origem africana faladas por comunidades afro-brasileiras e das línguas faladas por imigrantes de diferentes origens.

## Você sabe qual é a origem das palavras *jacaré*, *tatu*, *paca* e *tamanduá*?

Os nomes desses animais vêm de línguas indígenas do tronco Tupi e passaram a fazer parte da língua portuguesa falada no Brasil. Por exemplo, algumas palavras da língua do povo Kamaiurá, que vive no Território Indígena do Xingu, em Mato Grosso, entraram já há muito tempo para a língua portuguesa: nomes de peixes como paku (pacu), tukunaré (tucunaré), piawu (piau), kurimata (curimatá) e de animais como jakare (jacaré), tatupep (tatu), tamanua (tamanduá), jaku (jacu), entre outras.

## As línguas expressam conhecimentos, pensamentos e sentimentos

O nome deste livro é *Oikoá*, que significa "vida" na língua do povo Guarani Mbya. Esse nome foi escolhido porque os povos indígenas têm sido os guardiões da vida no planeta Terra: é em seus territórios que existem mais tipos de árvores e plantas, animais, peixes, pássaros, insetos, e onde os rios e as matas estão mais bem preservados.

Neste livro vamos conhecer algumas palavras em duas línguas indígenas muito diferentes: a língua Guarani Mbya e a língua do povo Mẽbêngôkre, conhecido como Kayapó.

Como explica o professor Tupã Mirim Werá:

Para nós, Guarani Mbya, a língua Guarani, que é nossa língua materna, é muito importante, porque ela é uma proteção, no sentido de que ela traz para o nosso povo a certeza de que ainda não perdemos esse bem precioso. Já perdemos a maior parte de nossas terras, de nossas matas e de nossos rios, mas ainda temos a nossa religião, o nosso artesanato e, sobretudo, a nossa

[1] IBGE, 2010.
[2] IBGE, 2010.

língua, que faz parte da nossa cultura. A língua é um bem valioso, que não se aprende em escolas, mas dentro das famílias. Desde cedo, as crianças Guarani aprendem a conversar com o pai, com a mãe, com os avós e com os parentes da aldeia através da língua Guarani. Nossa língua é uma riqueza que temos, e que continua viva e ativa! Através dela aprendemos a lutar pelos nossos direitos e a manter forte a nossa cultura.

O professor Paimu Txucarramãe, do povo Mẽbêngôkre (Kayapó), comenta sobre a força de sua língua:

A língua materna é fortemente falada diariamente nas comunidades do meu povo Mẽbêngôkre, em Mato Grosso e no Pará. Apesar do contato com a sociedade não indígena, usamos essa língua até hoje, começando desde criança, entre os membros da família e os parentes.

Às vezes, nas reuniões com representantes de instituições governamentais, as lideranças e caciques tradicionais idosos, que não têm um bom entendimento da língua portuguesa, precisam de intérpretes para acompanhar os discursos. As crianças e os idosos são considerados monolíngues em língua Mẽbêngôkre. Depois, quando a criança se torna adolescente, começa a aprender a língua portuguesa como segunda língua. Na atualidade, depois de terem uma aproximação com os não indígenas, como os profissionais de saúde e com pessoas de outras etnias, ou em situações em que foram estudar na cidade, os jovens adquirem domínio da língua portuguesa.

Cada língua tem sons e escritas diferentes, tem poesia e beleza nos cantos e nos discursos rituais. Cada língua é capaz de expressar tudo o que uma pessoa ou uma sociedade sente, sabe e conhece. Por meio de suas línguas, diferentes povos indígenas desenvolveram conhecimentos importantes na agricultura, na classificação dos recursos naturais e seus usos, no cuidado e manejo das florestas e dos ecossistemas, no uso de plantas medicinais, na arte da cerâmica, pintura, cestaria, tecelagem, na culinária, na música, nas histórias e na forma de viver em comunidade. Esses conhecimentos são aprendidos e ensinados através da língua. Cada planta ou árvore tem nome, sendo conhecido o seu uso na medicina, no preparo de tintas para pintura corporal e na confecção de objetos, na construção de casas ou na alimentação. Cada animal, ave, peixe ou inseto tem nome e se conhece a sua forma de viver na floresta. Cada lugar do território de cada povo tem nome e tem história.

## As diferentes línguas indígenas do Brasil

Os linguistas classificam as línguas observando palavras e expressões que tenham semelhança.[3] As línguas são divididas em troncos e famílias linguísticas. O *tronco linguístico* é um conjunto de línguas que têm origem em uma língua mais antiga, que foi se modificando e dando origem a outras. A *família linguística* é um conjunto de línguas que têm uma origem comum e apresentam mais semelhanças entre si.

No Brasil, existem línguas do tronco Tupi, como a Guarani, e línguas do tronco Macro-jê, como a língua Mẽbêngôkre. Há também línguas de outras famílias linguísticas: Aruak, Karib, Pano, Yanomami, Tukano etc.

Há línguas parecidas, como espanhol e português. Outras são muito diferentes.

| Língua | Tronco ou família | Palavras | | | | | |
|---|---|---|---|---|---|---|---|
| Português | Indo-Europeu | fogo | onça-pintada | peixe | mandioca | milho | chuva |
| Mẽbêngôkre | Macro-Jê | kuwy | ropkrori | tep | kwỳrỳ | bày | na |
| Guarani | Tupi | tatá | txivi | pirá | mandio | avatxi | oky |
| Kuikuro | família Karib | itó | ekege | kanga | kuigi | aná | kongoho |

## A luta dos povos indígenas por seus territórios, línguas e culturas

O Brasil e todo o continente americano eram antigamente habitados somente por povos indígenas de diferentes línguas e culturas. Os povos indígenas, donos verdadeiros desta terra, existem até hoje e continuam lutando para manter seus territórios, suas línguas, tradições, seu modo de pensar e de viver.

Ao perceberem que a ocupação portuguesa se consolidava, e inconformados com a violência e a escravização, os povos indígenas procuraram defender seus territórios e resistir aos ataques armados dos colonizadores e das doenças trazidas por eles, como gripe, sarampo, tuberculose e outras doenças que não existiam aqui no Brasil antes da chegada dos europeus. Para se preservar, alguns povos procuraram se afastar das fazendas, vilas, cidades e estradas, deslocando-se para locais de difícil acesso.

Por isso, os povos indígenas do Brasil se uniram para lutar por seus territórios e direitos e em 1988, a Constituição da República Federativa do Brasil reconheceu que eles têm o direito de ter seus territórios demarcados e regularizados, e de manter suas línguas, tradições e modos de viver.

Hoje vivem no Brasil cerca de 896.917 pessoas pertencentes a 305 povos indígenas, falando 274 línguas,[4] além de mais de 100 povos vivendo em situação de isolamento em vários estados da Amazônia, e que, por terem sofrido ataques de fazendeiros, madeireiros, garimpeiros e outros invasores, evitam o contato com a nossa sociedade.

## Mapa das Terras Indígenas do Brasil

As Terras Indígenas são como "ilhas" de matas e biodiversidade, em meio ao desmatamento provocado pela agricultura extensiva e pecuária, mineração, garimpos, estradas, hidrelétricas... Estudos científicos confirmam que os povos indígenas, por meio dos cuidados no manejo dos recursos naturais e sua preservação em seus territórios, têm sido os guardiões dos rios e das matas no Brasil. Sem eles, as matas e os rios de nosso país já teriam acabado.[5]

Fonte: Instituto Socioambiental

---

[3] Povos indígenas no Brasil (Instituto Socioambiental). Disponível em: <https://pib.socioambiental.org/pt/L%C3%ADnguas>. Acesso em: 20 out. 2021.

[4] IBGE, censo de 2010

[5] SBPC (Sociedade Brasileira para o Progresso da Ciência) - Povos Tradicionais e Biodiversidade: Contribuições dos povos indígenas, quilombolas e comunidades tradicionais para a biodiversidade, políticas e ameaças, abril de 2021. Org. Antonio Oviedo e Juan Doblas.

© do texto Felipe Valério (2021)

© das ilustrações Luise Weiss (2021)

Concepção geral
**Luise Weiss e Wanda Gomes**

Texto
**Felipe Valério**

Ilustrações
**Luise Weiss**

Coordenação editorial
**Wanda Gomes**

Projeto gráfico
**Fabio Brazil e Wanda Gomes**

Assistentes editoriais
**Tatiana Cukier e Luana de Paula**

Revisão
**Véra Regina Alves Maselli**

Consultoria e Tradução
**Maria Cristina Troncarelli, Tupã Mirim Werá, Bepo Mêtyktire, Paimu Muapep Trumai Txucarramãe**

```
Dados Internacionais de Catalogação na Publicação (CIP)
       (Câmara Brasileira do Livro, SP, Brasil)

   Valério, Felipe
      Oikoá / Felipe Valério ; [ilustrações] Luise
   Weiss. -- São Paulo, SP : ÔZé Editora, 2021.

      ISBN 978-65-89835-20-2

      1. Língua indígena 2. Literatura infantojuvenil
   I. Weiss, Luise. II. Título.

21-86306                                    CDD-028.5
             Índices para catálogo sistemático:

   1. Literatura infantil    028.5
   2. Literatura infantojuvenil    028.5

        Eliete Marques da Silva - Bibliotecária - CRB-8/9380
```

1ª edição 2021
1ª reimpressão 2023

Todos os direitos reservados

ÔZé Editora e Livraria Ltda.
Rua Conselheiro Carrão, 420
CEP: 01328-000 – Bixiga – São Paulo – SP
(11) 2373-9006 contato@ozeeditora.com

www.ozeeditora.com

Impresso no Brasil / 2023

MISTO
Papel | Apoiando o manejo florestal responsável
www.fsc.org  FSC® C044162